MW01228326

SELECCIÓN
VIDALÍDER

LA «MISIÓN FANTASMA»: UNA TENTACIÓN DESAFORTUNADA PARA EL LÍDER MODERNO.

JOHN
ORTBERG

LA «MISIÓN FANTASMA»: UNA TENTACIÓN DESAFORTUNADA PARA EL LÍDER MODERNO.

JOHN ORTBERG

Vida®

La misión de Editorial Vida es ser la compañía líder en comunicación cristiana que satisfaga las necesidades de las personas, con recursos cuyo contenido glorifique a Jesucristo y promueva principios bíblicos.

LA «MISIÓN FANTASMA»:
UNA TENTACIÓN DESAFORTUNADA PARA EL LÍDER MODERNO

Edición en español publicada por
Editorial Vida – 2009
Miami, Florida

Originally published in the USA under the title:
Overcoming Your Shadow Mission
Copyright © 2008 by John Ortberg
Published by permission of Zondervan, Grand Rapids, Michigan, 49530

Traducción: David Fuchs
Edición: Virginia Himitian de Griffioen
Diseño interior: Snyder - Vega
Diseño de cubierta: Good Idea Productions Inc.

ISBN: 978-0-8297-5710-1

CATEGORÍA: Iglesia cristiana/Liderazgo

IMPRESO EN ESTADOS UNIDOS DE AMÉRICA
PRINTED IN THE UNITED STATES OF AMERICA

09 10 11 12 ❖ 6 5 4 3 2 1

SELECCIÓN VIDALÍDER

El propósito de la *Selección VidaLíder* es proveer a los líderes en todos los ámbitos, un pensamiento de vanguardia y el consejo práctico que necesitan para alcanzar un nivel más en sus destrezas de liderazgo.

Los libros de esta Selección reflejan la sabiduría y experiencia de líderes de trayectoria que ofrecen grandes conceptos en un tamaño práctico. Ya sea que leamos este libro por nuestra propia cuenta, o junto a un grupo de colegas, la *Selección VidaLíder* brindará una introspectiva crítica de los desafíos del liderazgo actual

Este libro está dedicado con la mayor gratitud a:

Jimmy «Protein Bar» Mellado

Dick «Rockford East» Anderson

Doug «Mr. Hand» Veenstra

Freddy «Three Napkins» Vojtsek

Nancy «No More Tears» Beach

La «misión fantasma»:
Una tentación desafortunada
para el líder moderno

Todo ser humano sobre la tierra tiene una misión. Todos fuimos puestos aquí con un propósito. Las organizaciones, las empresas, las iglesias y las escuelas también lo tienen. A los líderes les encanta pensar en la misión, les gusta proyectar la visión de la misión, aman hacer estrategias para la misión, les apasiona alcanzar la misión, les fascina celebrar la misión. ✔

Sin embargo todo el mundo corre el peligro de ir tras una *misión fantasma*. Nuestras vidas y las vidas de los grupos que integramos pueden desviarse en la búsqueda de algo oscuro que no vale la pena. Entregarnos a una misión fantasma es, o debería ser, nuestro mayor temor. Desarrollar la capacidad de dominar o superar esa misión fantasma es la temática de este libro. Pero me estoy adelantando a la historia.

Hace algunos años, un amigo me convenció de que asistiera a uno de esos encuentros de fin de semana para hombres en los que uno descubre al guerrero peludo y salvaje que tiene dentro. Se llevó a cabo en una remota área de campamentos, primitiva y casi de corte militar. Podría decirte dónde queda, pero luego tendría que matarte. Llegamos en la oscuridad. Portando lámparas en sus manos, algunos hombres silenciosos, que habían visto *Apocalypse Now* demasiadas veces, nos condujeron sin decir una sola palabra hasta una sala de registros. Revisaron nuestras bolsas de lona y todos los artículos prohibidos (bocadillos, material de lectura, luces de bengala) fueron confiscados. Se nos asignaron números que debíamos usar para identificarnos en lugar de nuestros nombres propios durante el fin de semana.

Cantamos consignas y marchamos sin ropa en medio de la nieve. Durante dos días comimos cortezas y bayas.

Se nos privó del sueño. Aullamos a la luna. Nos sentamos en cuclillas en un sauna de los guerreros chippewa para purificar nuestras almas en la fraternidad del sudor glandular; treinta hombres nos evaporábamos en un espacio en el que no más de seis hombres chippewa habrían intentado entrar.

Pero por extraño que parezca, en medio de toda esa charlatanería psicológica y melodramática, hubo momentos de inolvidable comprensión. Uno de los temas que abordamos durante ese retiro fue que hemos sido creados con una misión. Eso resultaba terreno familiar para mí. Entonces, uno de los conferencistas dijo algo que me quedó grabado. Él afirmó que si no acogíamos nuestra verdadera misión, inevitablemente iríamos tras lo que él llamó una «misión fantasma»: patrones de pensamiento y acción basados en tentaciones y en nuestro propio egoísmo que nos conducirían a traicionar nuestros más profundos valores. ¿El resultado? Arrepentimiento y culpa.

Él nos dijo que su misión fantasma particular consistía en: «ver televisión y masturbarme mientras el mundo se va al infierno».

> Sin una misión auténtica, estaremos tentados a navegar a la deriva luego de colocar el piloto automático, y permitir que el centro de nuestras vidas sea algo que no vale la pena, algo egoísta y oscuro, una misión fantasma.

Su lenguaje fue más crudo que eso y una risita nerviosa se extendió entre todos los hombres.

«Voy a decirlo una vez más», dijo el hombre, «solo que en esta ocasión quiero que escuchen y no se rían». Y lo dijo de nuevo: «Mi misión fantasma es ver televisión y masturbarme mientras el mundo se va al infierno».

Silencio.

Cada uno de nosotros pensaba lo mismo: ¡Con qué facilidad nuestras vidas pueden deslizarse hacia la búsqueda de cosas egocéntricas y triviales! Aquel hombre no se sentía tentado a convertirse en Adolf Hitler o en Saddam Hussein;

porque en tal caso, habría luchado por contrarrestar ese mal de carácter indiscutible. Era la banalidad de su misión fantasma lo que la hacía posible.

Nunca antes había escuchado esa frase. Nunca había identificado cuál podía ser mi misión fantasma. Pero lo comprendí, lo supe.

Tú y yo fuimos creados para tener una misión en la vida. Fuimos hechos para sobresalir. Pero si no perseguimos la misión para la que Dios nos ha diseñado y dotado, encontraremos un sustituto. No podemos vivir con una ausencia de propósito. Sin una misión auténtica, estaremos tentados a navegar a la deriva, en piloto automático, y permitiremos que el centro de nuestras vidas sea algo que no vale la pena, algo egoísta, oscuro; una misión fantasma.

Más adelante aprenderemos a identificar y luchar contra nuestra propia misión fantasma y la misión fantasma de las organizaciones o equipos que lideramos. Pero por ahora deseo subrayar lo serio que es este tema. Cuando nuestras vidas se deterioran a causa de ir detrás de una misión fantasma, el mundo se pierde. Las misiones fantasmas son lo que nosotros insensatamente buscamos «mientras el mundo se va al infierno».

Es probable que te burles de la idea de que tu misión fantasma tenga alguna relación con el vasto mundo en derredor. Nuestros ojos permanecen velados con respecto a las consecuencias finales de nuestras elecciones. Pero la Biblia narra muchas historias en las que Dios revela cuál puede ser el amargo final de una misión fantasma: la muerte. Y la gloriosa recompensa por luchar en contra de esa misión fantasma: la vida. Ahora vamos a ver una de las clásicas historias.

Misiones fantasmas de proporción épica

El libro de Ester, entre otras cosas, es una historia épica de misiones auténticas y de misiones fantasmas y de cómo estas se han entretejido con la gran misión de Dios. Cada personaje de la historia puede optar entre llevar a cabo una misión o una misión fantasma. Al hacerlo, se traza el propio destino y el mundo cambia. Consideraremos cuatro personajes en particular: el rey Asuero, la reina Ester, Amán y Mardoqueo.

El rey Asuero

Nuestro primer personaje es el rey Asuero. Su reino se extendía por más de ciento veintisiete provincias, desde el Asia menor hasta muy adentro de África y la parte norte de la India. Aunque Asuero era inmensamente poderoso, no resultaba un personaje admirable. El autor de Ester usa toda su aptitud, sátira y exageración para darnos una imagen de un ostentoso rey que quería exhibir su grandeza, pero que de hecho no tenía fuerza o carácter interior y que constantemente necesitaba de otros para que lo ayudaran a tomar decisiones. ✔

La historia comienza con el rey dando un banquete de ciento ochenta días: seis meses de una verdadera fiesta. (Solo en el primer capítulo se describen tres banquetes; una forma de dividir el libro es por banquetes). Tal como lo describe el autor: «Durante ciento ochenta días les mostró la enorme riqueza de su reino y la esplendorosa gloria de su majestad» (Ester 1:4).

Después de ese festín, el rey Asuero dio otra fiesta para toda la capital, una celebración abierta para la gente común. El texto dice: «En copas de oro de las más variadas formas se servía el vino real, el cual corría a raudales, como era de esperarse del rey. Todos los invitados podían beber cuanto quisieran, pues los camareros habían recibido instrucciones del rey de servir a cada uno lo que deseara» (1:7-8). Sin restricciones, sin moderación e ilimitadamente, todos bebían en copas de oro originalmente diseñadas.

Al séptimo día, «como a causa del vino el rey Asuero estaba muy alegre» (1:10), envió por la reina Vasti. Él había estado exhibiendo sus posesiones; ahora quería mostrar su posesión suprema: su esposa.

¿Qué crees que es lo que él quería mostrar de ella? ¿Su cerebro? «Vasti querida, ¿por qué no vienes y entretienes a mis invitados resolviendo unos problemas matemáticos». ¿Su sentido del humor? «Vasti, cuéntanos algunos chistes». No, él quería que Vasti viniera a «exhibir su belleza ante los pueblos y sus dignatarios, pues realmente era muy hermosa» (1:11).

Entonces una cosa extraordinaria sucedió. *¿Ir a pararme ante una turba borracha que ha bebido cerveza durante siete días? No lo creo.* Ella agradeció la invitación, pero prefirió quedarse en casa lavando su cabello.

Podríamos pensar que el rey se dio cuenta de la extraña situación en la que había colocado a la reina, pero nos equivocaríamos: «Esto contrarió mucho al rey, y se enfureció» (1:12). Vasti había amenazado la misión fantasma del rey de impresionar a la nación. Ella había hecho que se viera débil y eso siempre provoca una respuesta emocional muy profunda.

Así que Asuero se dirigió a los expertos de la ley y la justicia, su versión de la Corte Suprema. Él no había sido capaz de controlar a la reina, así que hizo de eso un asunto de Estado: «¿Qué voy a hacer en referencia a mi esposa?», preguntó a los expertos. «No puedo hacer nada con ella. Si se sabe una palabra de esto, todas las esposas se rebelarán en contra de los esposos». Asuero no estaba preocupado por la justicia, sencillamente quería mostrar que él tenía el control. Estaba haciendo manejo de la imagen.

La Corte Suprema de Asuero le aconsejó emitir un edicto que estableciera que a Vasti no se le permitiera presentarse ante el rey nunca más, lo que probablemente no iba a romper su corazón, ya que en primera instancia ese era su crimen; y le recomendaron que consiguiera una nueva reina. De este modo lo manifiesta el versículo 20: «Así, cuando el edicto real se dé a conocer por todo su inmenso reino, todas las mujeres respetarán a sus esposos, desde los más importantes hasta los menos importantes». ¡Sí, claro, como si eso fuera a suceder!

Ahora, el autor nos muestra lo lisonjeros que eran esos consejeros. Ellos reforzaron el orgullo de Asuero en su «vasto y magnífico reino». Todos ellos sabían que la misión fantasma del rey era dar espacio a su ego, a las apariencias y al placer. «Hagan que mi reino gire alrededor de mí», podría ser el eslogan de Asuero. Pero sus consejeros no mencionaron esa situación, no lo desafiaron, puesto que el rey se había rodeado de gente que reforzaba su misión fantasma.

Así que Asuero se aferró a esa idea y se dirigió a sus «asesores personales» en busca de consejo. Eso no era una Corte Suprema sino meros guardaespaldas, jóvenes con la testosterona elevada que le dieron ideas de lo que debía buscar en una nueva reina. Ellos sugirieron que realizara el concurso de belleza «Señorita Media y Persia», en el que cada provincia, ciento veintisiete en total, contribuyera con una finalista para el harén real. Entonces, cada concursante debería someterse a rigurosos tratamientos de belleza, la versión antigua de *Cambio extremo*. Al final, la joven que más satisficiera al rey se convertiría en el máximo trofeo: su esposa.

Lo sé, es difícil para nosotros creer que alguna vez hubiera una cultura tan superficial como para que los hombres de mediana edad trataran de impresionar a otras personas, mostrando que tenían tanta riqueza y poder que podían atraer a una esposa joven y bella. Es difícil para nosotros creer que la raza humana hubiera descendido a tales profundidades. Pero sí, ese día existió.

Ester

Una de las concursantes era una joven judía llamada Ester, adoptada y criada por su primo Mardoqueo. Sabemos que «tenía una figura atractiva y era muy hermosa» (2:7). Ella superó las preliminares y se convirtió en una de las finalistas seleccionadas para presentarse ante el rey. Pensemos en la última ocasión en que nos preparamos para una gran cita.

Me refiero a ese momento en el que en realidad queríamos impresionar a nuestro compañero. ¿Cuánto tiempo invertimos en arreglar el cabello y el rostro, en elegir el guardarropa o la fragancia del perfume? ¿Invertimos tan solo quince minutos? ¿Le dedicamos una hora? ¿O destinamos más tiempo preparándonos para la cita que el tiempo que en realidad pasamos en ella? ¿Alguna vez encontramos más diversión en prepararnos para la salida que en la salida misma? Notemos el tiempo de preparación que empleó Ester. No fueron quince minutos; no fueron unas pocas horas; ni siquiera un día. ¡Fue todo un año! Antes de que llegara el momento en que una joven mujer se presentara ante el rey Asuero, ella debía completar doce meses de tratamientos de belleza: seis meses con aceite de mirra y seis meses con perfumes y cosméticos (afortunadamente, la liposucción y la silicona no se habían inventado todavía). Eso era mucha presión para una primera cita. Si alguien no se sintiera atraído por nosotros después de doce meses de preparación, probablemente no fuera a pasar nada después tampoco.

  Ester, un elegante modelo de pudor y compostura,

ganó el concurso y fue nombrada nueva reina. El rey ofreció otra fiesta. Parece que la misión de Ester era exhibirse del brazo del hombre más poderoso de la tierra.

Y Ester vivió feliz para siempre, ¿verdad? No del todo.

Amán

Apareció otro personaje en esta historia. Se llamaba Amán y era el jefe de personal de Asuero. Él era un líder mucho más fuerte que Asuero, pero también iba tras una misión fantasma. Estaba enfurecido porque había un hombre que no se inclinaba ante él ni lo reverenciaba, y ese hombre era Mardoqueo, el primo y tutor de Ester.

Amán estaba tan ofendido por el descaro de Mardoqueo, que se rehusaba a inclinarse delante él, que se presentó ante el rey Asuero y le ofreció un enorme soborno. Se trataba de una suma enorme, casi tanto dinero como el que todos los otros países controlados por Persia le enviaban en ese momento. Todo lo que Amán deseaba era que se le permitiera destruir a Mardoqueo y al pueblo de Mardoqueo. La respuesta del rey básicamente fue: «Está bien, me da igual». Incluso le dijo a Amán que se guardara su dinero.

Asuero en realidad no sabía cuál era el grupo contra el que

Amán despotricaba. Porque cuando los líderes son seducidos

por una misión fantasma, no están dispuestos a desafiar la

misión fantasma de ninguna otra persona, siempre y cuando

esto sirva (o no estorbe) a su propia agenda.

Mardoqueo

Cuando las noticias de la traición de Amán llegaron a

Mardoqueo, él se dio cuenta de que solo existía una persona

en el imperio en posición de intervenir ante el rey para salvar

al pueblo de Israel: la ganadora del concurso. El plan de Dios

para salvar a su pueblo se encontraba en las tiernas manos

de una hermosa reina llamada Ester. Y Dios reveló su misión

a Ester a través de las palabras de un sabio y confiable amigo

espiritual. «Debes presentarte ante el rey», le dijo Mardoqueo.

Ester no quería hacer eso, según lo que ella misma

le respondió. Acercarse al rey sin ser llamada constituía una

ofensa capital e incluso si él se dignara a extender su cetro de

oro hacia ella y recibirla, era probable que no se sintiera muy

Personajes bíblicos que se resistieron a su misión fantasma

José. Se resistió a las tentaciones de venganza y rivalidad con sus hermanos, escogiendo, en lugar de ello, perdonarlos y confiar en que Dios lo redimiría del mal que había sufrido. ✔

Rut. Se rehusó abandonar a su suegra, aunque pudo haber alcanzado seguridad y un entorno de familia regresando a su hogar. Ella optó por la lealtad y el sacrificio en lugar de la seguridad y se convirtió en parte de la aventura de la redención. ✔

Daniel. Una y otra vez se rehusó a permitir que la atracción del poder lo tentara a traicionar sus convicciones. Eligió honrar a Dios, tanto en su manera de comer como su forma de orar, aunque sus ambiciones estuvieran en juego. ✔

María, la madre de Jesús. Su gran respuesta: «Que él haga conmigo como me has dicho» (Lucas 1:38), significaba que dejaba de lado todos los sueños de una buena vida familiar y (como mujer soltera embarazada) su respetada reputación. ✔

Juan, el Bautista. Rechazó la tentación de sentir envidia por lo que sus discípulos aseguraban («Fíjate, Jesús está bautizando y todos acuden a él»), lo que implicaba que el destino y la alegría de Juan estaban por menguar para que Jesús pudiera crecer. (Juan 3:26,30). ✔

feliz al escuchar el mensaje de ella: no le gustaba la manera en que él hacía su trabajo. El rey no era muy abierto con la gente que lo desacataba públicamente. Ester sabía lo que le había sucedido a Vasti.

Pero existía un problema adicional. Ester le dijo a su primo: «Hace ya treinta días que el rey no me llama». Ella era consciente de que él tenía un harén completo a su disposición y que no era un esposo devoto. Estaba claro para Ester que el rey no se sentía tan entusiasmado por ella como en los primeros días.

A esta altura muchos hubieran dado marcha atrás, pero no Mardoqueo. Él desafió a Ester: «"No te imagines que por estar en la casa del rey serás la única que escape con vida de entre todos los judíos. Si ahora te quedas absolutamente callada, de otra parte vendrán el alivio y la liberación para los judíos, pero tú y la familia de tu padre perecerán". Y concluyó su desafío con estas magníficas palabras: "¡Quién sabe si no has llegado al trono precisamente para un momento como este!"» (4:13-14).

Con esa extraordinaria declaración, Mardoqueo

identificó la verdadera misión de la belleza de la reina *Ester, el destino de toda una nación, el destino del sueño de Dios de redimir al mundo en términos humanos, por lo menos lo que podemos ver hasta ahora, reposa en tus manos. No has llegado a este punto en tu vida para acumular un exquisito guardarropa, preciosas gemas y exóticas fragancias; no has llegado a este punto en tu vida para convertirte en la más deseable, atractiva y aplaudida mujer del reino. No has llegado a este punto por ninguna de las razones que el rey piensa. Has sido traída hasta aquí para trabajar por la justicia y evitarle a tu pueblo un gran sufrimiento. Has sido conducida hasta este lugar para oponerte a un hombre que es vil, malvado y supremamente poderoso. Tienes una misión Ester y tu misión es importante. No has llegado a este punto en tu vida para ti misma, sino para ser parte del plan que Dios tiene de redimir al mundo. Así que Ester, no permitas que tu éxito en cuanto a cumplir la misión fantasma que la sociedad le asigna a las mujeres te ciegue y no te permita ver aquello que Dios señala como tu verdadera misión. ¡Manos a la obra, Ester!*

Personajes bíblicos que han sucumbido ante su misión fantasma

Adán y Eva. Cedieron ante la misión fantasma original y aún en la actualidad la más popular de todas: «Ser como Dios».

Salomón. Se suponía que era el hombre más inteligente del mundo. Terminó con un harén de mil mujeres.

Judas. Se rehusó a permitirle a Jesús acceder a ese rincón secreto de su corazón, lleno de amargura y egoísmo.

Herodes. Pudo haber sido el campeón y el auspiciante mecenas del Mesías, pero por su codicia del poder eligió ser su rival.

Simón, el hechicero. Tuvo la misión fantasma de tener un ministerio impresionante. Si nos fijamos con cuidado, podríamos todavía encontrar esas misiones fantasmas operando en la actualidad.

La misión fantasma revelada

Enfrentar una verdad difícil sin desmotivarse ni ponerse a la defensiva, es uno de los grandes desafíos de un líder, y Ester se las arregló para hacer exactamente eso. Ella le dijo a Mardoqueo que deseaba tres días para retirarse junto con sus más cercanas amigas con el fin de ayunar y orar. Ser la reina, lo que ella consideraba su mayor don, se había convertido en su mayor carga. Era un llamado al sacrificio, tal vez a la muerte. Iba a necesitar fuerzas más allá de ella misma para enfrentar ese desafío. *3 días*

Ester le pidió a Mardoqueo que se reuniera con todo el pueblo de Dios en Susa durante tres días para ayunar y orar. Ella se rehusaba a tratar de cumplir esta misión apoyándose únicamente en su belleza, en su astucia o en su influencia, aunque fueran enormes. Y con palabras que constituyen una magnífica muestra de coraje, como lo habían sido las palabras de desafío de Mardoqueo, ella declaró: «Cuando cumpla con esto (el ayuno), me presentaré ante el rey, por más que vaya en contra de la ley. ¡Y si perezco, que perezca!» (4:16). ¡Qué corazón!

Por cierto, en una época en la que los escritores, incluso los escritores cristianos, señalan en ocasiones que las mujeres son relegadas a trabajos secundarios, mientras que la verdadera acción les pertenece a los hombres, resulta irónico que uno de los grandes héroes de la Biblia sea una mujer, que rechaza el estereotipo de la reina hermosa que trastorna a su débil esposo y usa todo su coraje, iniciativa e inteligencia emocional para resistir el mal y trabajar por el bien. Así que si eres mujer y Dios te ha dotado con la capacidad de liderazgo, por amor a Dios, por amor a la iglesia, por amor a este triste y oscuro mundo, *lidera*.

Había profundidades en Ester que ni siquiera ella imaginaba, como es probable que las haya en nosotros también. Hace unos pocos años, circuló la (posiblemente irreal) historia de que en una fábrica de muñecos alguien había metido la pata y las cajas de voz que se suponía que debían ir dentro de las Barbies, terminaron instaladas en los muñecos G.I. Joe y viceversa. Cientos de niños se sorprendieron al escuchar al G.I. Joe decir: «Espero que me inviten al baile de graduación»; y un número igual de niñas

> Así que si eres mujer y Dios te ha dotado con la capacidad de liderazgo, por amor a Dios, por amor a la iglesia, por amor a este triste y oscuro mundo, lidera.

escucharon a Barbie decir: «¡Al piso ahora! ¡Rápido! ¡Rápido! ¡Rápido!» Asuero pensó que se había casado con Barbie, pero terminó casado con G.I. Joe. ✔

El momento oportuno

Al tercer día, Ester se colocó las vestiduras reales y se paró a esperar al rey en el patio interior. Con el corazón acelerado y un suspenso que destrozaba los nervios, imaginemos lo que pasaba por su mente mientras esperaba. *Vida o muerte.*

El rey vio a Ester. Extendió su cetro, indicando el favor

real. Ella viviría otro día. El rey le preguntó: «¿Qué te pasa, reina Ester? ¿Cuál es tu petición? ¡Aun cuando fuera la mitad del reino, te lo concedería!» (5:3)

Ester comprendió que esa era la clase de cosas que un rey dice cuando está de buen humor, pero que no se debe tomar literalmente. Si ella hubiera pedido la mitad del reino, las cosas habrían cambiado radicalmente. Eso, en términos del rey, era algo como: «¿Te gustaría tener el control remoto por esta noche?»

Ester no pudo decir lo que tenía que decir: «Me gustaría que revocaras la inalterable ley de Media y Persia, que perdonaras a mi pueblo y que despidieras a tu jefe de personal». En cambio, le dijo: «Voy a ofrecer una fiesta; tú y Amán están invitados».

El rey nunca había rechazado una fiesta en su vida, así que asistió al banquete y la pasó de maravilla. Durante la cena el rey le dijo por segunda vez: «Ester, ¿qué deseas? Incluso la mitad del reino es tuya».

Y Ester le respondió: «Si me he ganado el favor de su Majestad, y si le agrada cumplir mi deseo y conceder mi petición» (su habilidad verbal es notable) «venga mañana con Amán al banquete que les voy a ofrecer, y entonces le daré la respuesta» (5:8).

La habilidad de Ester para negociar resulta fenomenal. El rey, si estaba de acuerdo en asistir, prácticamente tendría que acceder a su solicitud. La audacia de Ester, su inteligencia y su acierto nos impresionan.

Más...

Estamos listos para entrar en el clímax de la historia, pero el autor nos deja en suspenso por un momento. Se enfoca en Amán. Amán se sentía muy emocionado por lo que estaba sucediendo. Completamente engreído, reunió a su esposa y a sus amigos para presumir de «su enorme riqueza y de sus muchos hijos, y de cómo el rey lo había honrado» (5:11). Sin embargo se quejó: «Todo esto *no significa nada* para mí, mientras vea a ese judío Mardoqueo sentado a la puerta del rey» (5:13, cursivas añadidas).

Amán tenía una misión fantasma, y menciono esto porque mucha, mucha gente en nuestra cultura la enfrenta. Probablemente sea la mas grande misión fantasma con la que nos encontramos en nuestra sociedad y se la conoce como el deseo de «más»: más riqueza, más poder, más reconocimientos, más estatus, más honores… *más*. Y Amán pasaba su vida pensando: *Si solo logro tener más, un día tendré lo suficiente*. Es probable que los Rolling Stones hayan grabado la canción, pero Amán entendió su esencia mucho tiempo antes: «I Can´t Get No Satisfaction [Nada me satisface]».

La esposa de Amán le aconsejó que hiciera construir una horca de veinticinco metros y que en ella ahorcara a Mardoqueo. Encantado con la sugerencia, Amán la mandó a construir.

Esa misma noche, el rey Asuero no podía dormir, así que pidió a sus sirvientes que le leyeran (como rey, creía que no tenía por que leer él mismo para dormirse) las crónicas reales. «Lean ese libro sobre *mí*», ordenó Asuero.

Y ellos le leyeron la historia de cómo en una ocasión, un hombre llamado Mardoqueo le había salvado la vida. Cuando el rey preguntó qué reconocimiento había recibido

Mardoqueo por su buena obra, sus sirvientes le respondieron que él nunca había sido honrado. Justo en ese momento llegaba Amán para pedirle al rey que ahorcara a Mardoqueo, sin saber nada del relato que acababan de leerle. El rey se le adelantó con una pregunta: «¿Cómo se debe tratar al hombre al que el rey desea honrar?»

Amán estaba seguro de que ese hombre era él mismo, así que le dijo al rey que se debería vestir a esa persona con vestiduras reales, que había que hacer que montara un caballo real, que debería ser conducido por un oficial real y que, incluso el caballo tendría que usar una corona. «¡Así se trata al hombre...», dijo Amán (codazo, codazo, guiñada de ojo, guiñada de ojo) «...a quien el rey desea honrar!» (6:9).

Imaginemos el momento. «Está bien», dijo el rey, «ese hombre es Mardoqueo. Amán, tú guiarás su caballo por la ciudad y dirás a todos que ese es el hombre a quien deseo honrar».

De allí en adelante, todo cayó en picada para Amán. Ester dio otro banquete y captó la atención del rey con valentía y destreza. Le dijo que ella y su pueblo iban a ser destruidos. «¿Dónde está él, el hombre que se ha atrevido a hacer tal cosa?», preguntó el rey.

«¡El adversario y enemigo es este miserable de Amán!», respondió la reina.

Y Amán terminó ahorcado en la misma horca que había ordenado construir para Mardoqueo.

El rey necesitaba un nuevo jefe de personal y Ester manejó eso también, señalando a Mardoqueo como administrador de las propiedades de Amán, las que le habían sido otorgadas a ella por el rey. Ester regresó ante el rey y le recordó que el edicto que promulgaba muerte para su

Una misión noble dará como resultado pensamientos nobles, pero una misión fantasma producirá una vida interior de oculta oscuridad y de un descontento destructivo. La misión fantasma siempre destruye por lo menos a una persona: a aquel que vive para ella.

pueblo estaba todavía en vigencia. El rey le dio su anillo y dijo: «Redacten ahora, en mi nombre, otro decreto en favor de los judíos, como mejor les parezca, y séllenlo con mi anillo real. Un documento escrito en mi nombre, y sellado con mi anillo, es imposible de revocar».

El nuevo decreto les dio a los judíos el derecho a defenderse contra los terroristas de Amán. Según se dice, fueron tantos los que temieron al pueblo de Israel que muchas personas de «otros pueblos se hicieron judíos» (8:17).

No es casualidad

Esta historia revela que nuestra misión fantasma tiene un enorme potencial destructivo. La misión a la que nos entreguemos nos moldeará. Pensamientos y deseos involuntarios, no planificados surgirán a partir de ella. Una misión noble dará como resultado pensamientos nobles, pero una misión fantasma producirá una vida interior de oculta oscuridad y de un descontento destructivo. La misión fantasma siempre destruye por lo menos a una persona: a aquel que vive para ella.

La historia de Amán nos muestra otra faceta

crítica de la misión fantasma: esta casi siempre constituye una ligera variación de nuestra auténtica misión. Allí reside parte de su seducción. Rara vez una misión fantasma se encuentre en una desviación de ciento ochenta grados de la verdadera. Generalmente nuestra misión fantasma incluye las pasiones y los dones que han sido programados en nosotros. Sencillamente nos sentimos tentados a usarlos mal de una manera muy sutil. Nuestra misión fantasma nos desvía solo unos cinco o diez grados del rumbo original, en dirección al egoísmo, la comodidad o la arrogancia. Pero con el tiempo, esos pocos grados se convierten en la diferencia abismal que existe entre la luz y la oscuridad.

La historia de Ester también sugiere que es posible que no estemos en el lugar que ocupamos hoy por casualidad. Quién sabe si no hemos llegado a esa posición para ser protagonistas de un momento como este. Ester no se había propuesto ser reina, pero una vez que estuvo en el trono tuvo que decidir entre ir tras una misión fantasma que le proporcionara seguridad, riqueza y poder o cumplir con la misión que Dios le había encomendado en cuanto a salvar a su pueblo.

Amán pudo haber usado su posición para promover la justicia, pero se rindió ante su misión fantasma de autoidolatría y crueldad.

El rey pudo haber asumido una misión de generosidad, pero en lugar de ello optó por una misión fantasma de placer superficial.

¿Cuál es tu posición? No pienses solo en tu trabajo o en tu posición de liderazgo. Tú también tienes influencia sobre tu familia, vecindario, compromisos de voluntariado y amistades. Una cosa es segura: *Este* es tu tiempo. Ahora. Hoy. No en otra situación. No mañana ni ayer. A menudo nos sentimos tentados a pensar que estamos yendo a la deriva en el momento actual, que nos encontramos en espera de algún otro tiempo o posición más importante. No se puede escoger el tiempo, el tiempo nos escoge a nosotros. Estamos donde estamos y somos quienes somos por una razón.

La misión fantasma de Jesús

¿Enfrentó Jesús alguna misión fantasma? Yo creo que sí. El autor de Hebreos nos cuenta que él, al igual que

> **Una cosa es segura: *Este* es tu tiempo. Ahora. Hoy. No en otra situación. No mañana ni ayer.**

nosotros, fue tentado «de la misma manera», pero sin pecado (4:15). La misión fantasma de Jesús era ser líder sin sufrir, ser Mesías sin la cruz.

El gran erudito en Nuevo Testamento, F.F. Bruce, escribió: «Una y otra vez, la tentación llegó a él partiendo de distintas direcciones para que eligiera una forma menos costosa de cumplir su llamado que el camino del sufrimiento y la muerte, pero se resistió hasta el final y afirmó su rostro en el cumplimiento del propósito para el que había venido al mundo.*

Recordemos que en el desierto Satanás tentó a Jesús para que cumpliera su misión sin pasar hambre: «Convierte estas piedras en pan. No tienes por qué pasar hambre»; sin

sin sufrimiento!

NO DOLOR

dolor: «Lánzate del templo y los ángeles te sostendrán»; sin oposición: «Inclínate ante mí y todos los reinos de la Tierra serán tuyos». No tienes que pasar hambre, no tienes que sufrir dolor, no tienes que enfrentar oposición.

Más adelante, cuando Jesús les dijo a los discípulos que él debía sufrir y morir, Pedro trató de convencerlo de que su sufrimiento resultaba innecesario. Era la misma misión fantasma con la que había sido tentado en el desierto y esa fue la razón por la que Jesús reprendió a Pedro tan duramente, diciéndole: «¡Aléjate de mí, Satanás!»

La misión fantasma de Jesús lo persiguió hasta el huerto de Getsemaní. Una vez más él luchó con la tentación, que le provocaba sudor de sangre: «Oh Padre, permite que pase este trago amargo, no me hagas beber esto».

Incluso cuando Jesús estaba colgado en la cruz, la gente pasaba delante de él y se mofaba. ¿Qué estaban haciendo? Presentarle la misma tentación. «Míralo, él salvó a otros pero no puede salvarse a sí mismo. Si eres el Mesías, ¿por qué no bajas? No existe un Mesías que venga con una cruz». Pero Jesús miró al fantasma a la cara y asumiendo

* F.F. Bruce, La Epístola a los Hebreos, Eerdmans, Grand Rapids, MI, 1987, p. 53 del original en inglés.

un costo que nunca se comprenderá, ni siquiera en toda la eternidad, le dijo: «No, yo sufriré. Yo tomaré el fantasma de la oscura y caída raza humana sobre mí. Iré a la cruz. Beberé de la copa hasta la última gota». Él hizo eso por nosotros. «No sea lo que yo quiero, sino lo que quieres tú».

Sin el sacrificio de Jesús, sin la presencia de su Espíritu, ninguno de nosotros habría tenido el conocimiento, el coraje o la fuerza para batallar contra nuestras propias misiones fantasmas. Estaríamos tan absortos como Asuero, tan insatisfechos y hambrientos de poder como Amán. Seríamos una mera sombra de lo que Dios querría que fuéramos.

Talento y carácter

La batalla entre la auténtica misión y la misión fantasma indica que existe una distinción fundamental entre dos aspectos de nuestra constitución interior. Hay una diferencia crucial entre el *talento* y el *carácter*.

Por *talento* me refiero a aptitudes y fortalezas: coeficiente intelectual alto, habilidad atlética, encanto, sagacidad para los negocios, habilidades de liderazgo, carisma, buena apariencia, popularidad, talento artístico. Esos dones son cosas muy buenas, todos provienen de Dios. La Biblia dice que él es el dador de «toda buena dádiva y todo don perfecto» (Santiago 1:17) y que deberíamos estar agradecidos cuando tales dones se manifiestan en nosotros.

Pero los dones no son lo más importante de nosotros. Hay algo más con lo que contamos y que se llama *carácter*. El carácter tiene que ver con nuestra estructura moral y espiritual; son nuestras tendencias habituales, la forma en la que pensamos y sentimos, lo que pretendemos y lo que elegimos. La estructura de lo que se conoce como carácter es lo que hace que la gente sea confiable o desleal, humilde o arrogante. Es una palabra que puede sonar anticuada, casi victoriana, pero no lo es. Constituye lo que somos en el núcleo absoluto de nuestra humanidad.

El carácter determina nuestra capacidad de estar con Dios, de experimentar a Dios y de conocer a Dios. Determina nuestra habilidad para amar y relacionarnos con otras personas. Todo eso forma parte de nuestro carácter. Cuando se nos invita a imitar a Jesús, «a ser como Jesús», no se nos llama a tener su talento y a desempeñar su rol. Más bien, se nos alienta a esforzarnos por tener su carácter.

El talento es bueno, pero no constituye el más grande de los bienes. Es importante ser claros en este punto porque vivimos en medio de una cultura que idolatra el talento. Según nuestra cultura, esa es la forma en que debemos apropiarnos de las «cosas» que se nos dice que debemos desear. El talento es lo que hace que otras personas nos vean y digan «¡Guau!» El talento coloca a las personas en las portadas de revistas. Por lo tanto, nos vemos tentados a

No se puede envidiar el buen carácter. Hay algo tan bueno en un carácter semejante al de Cristo que incluso el desearlo no nos hace daño.

dedicar más esfuerzos al logro de mayores talentos y a su desarrollo, que a prestar atención a lo que sucede con nuestro carácter para luego tomar las cosas con más calma y pedirle a Dios que lo transforme.

Cuando idolatramos el talento, a menudo terminamos envidiando el talento de otras personas. Cuando noto que alguien es más dotado que yo en algún aspecto, deseo tener su talento y que el otro no lo tenga. Es como si no pudiera digerirlo.

Sin embargo, el deseo de tener un buen carácter nunca nos lleva a la envidia. No se puede envidiar el buen carácter. Hay algo tan bueno en un carácter semejante al de Cristo que incluso el desearlo no nos hace daño.

La gente muy talentosa puede usar esos dones para alcanzar su misión o para ir tras su misión fantasma. La gente con carácter bien formado reconoce que su misión fantasma no vale la pena y le resulta indeseable.

Debido a la ausencia de carácter, los talentos no se usan bien. Cuanto más talentosos seamos, más arrogantes, egocéntricos y destructivos podemos volvernos. La abundancia de talentos y la ausencia de un carácter bien formado, siempre nos conducirán a una misión fantasma.

Sansón, aplastado por el talento

Hay un hombre en las Escrituras que tenía muchos dones, pero que no poseía un carácter como para sobrellevar su talento. El talento siempre tiene un costo: presiones, tentaciones y la creencia de que a uno le asisten ciertos derechos. Sin carácter, el talento nos aplastará, tal como le pasó a Sansón.

En el libro de Jueces, capítulo 13, podemos leer que un ángel de Dios se presentó ante una pareja sin hijos y les dijo que iban a tener un varón. Les comunicó que Dios iba a dotar a su hijo pródigamente y que el hijo debía ser devoto a Dios. Se convertiría en un líder poderoso y liberaría a su pueblo de vivir bajo el yugo de los filisteos.

Aquel hijo, Sansón, debería ser un «nazareo». Ese calificativo se refiere a una oscura idea tomada de Números, el cuarto libro del Antiguo Testamento, en el que Dios señala que si el pueblo quiere entregarse a él de una manera devota y especial, debe entrar en una temporada de compromiso y oración, un tiempo durante el que guardará tres promesas que le recuerden su compromiso. Primero, no tocar ningún cuerpo muerto. Segundo, no tomar vino; y tercero, no cortarse el cabello. No hay nada particularmente virtuoso en esas tres promesas. Son sencillos votos temporales, pero constituyen símbolos recordatorios concretos de que alguien está entregado a hacer algo por Dios. Para Sansón, esos votos serían una forma de vida. Lo ayudarían a cultivar un fuerte sentido de devoción hacia Dios. Habría ciertas opciones en su vida a las que él tendría que decir que no, y el mantener sus votos le proporcionaría la fuerza interior para hacerlo.

Sansón creció y fue un hombre con dones extraordinarios. Vivía en medio de una cultura en la que se valoraba la fuerza física, y él la tenía en una gran proporción. Podía acabar con un animal salvaje con sus propias manos. Era capaz de vencer a una docena de hombres normales en un combate mano a mano. Resultaba un espécimen tan deslumbrante que los hombres deseaban ser como él y las mujeres querían estar con él. Tenía carisma, esa clase de magnetismo que hacía que la gente deseara seguirlo a la batalla, a la aventura y a lo desconocido. Y tenía poder. Él era lo que en aquellos tiempos se conocía en Israel como un «juez».

Sansón, «el hombre»

En aquel tiempo Israel no tenía reyes. Los jueces habían llegado a ser los líderes de todo el pueblo. No eran como los jueces de nuestros días que se sientan en un estrado y tratan casos legales. En esa época, un juez constituía la autoridad política y militar suprema en todo Israel. Sansón era el mandamás, el macho alfa. La gente se presentaría ante él y diría: «Tú eres "el hombre", Sansón». Él no respondería: «No, no, no, otro es "el hombre"». Sansón más bien afirmaría: «Están en lo correcto, yo soy "el hombre"».

He tratado de imaginar con quién compararlo en nuestros tiempos. Sería como un campeón de físicoculturismo, con un increíble cuerpo, pero también tendría el glamour de una estrella de cine y podría ser el protagonista de grandes películas de acción de alto presupuesto. Y tal vez usaría ese glamour para meterse en política y convertirse en «el Gobernador» de su estado. Sería de esa clase de figuras. Añadámosle a todo eso el hecho de que poseía unción espiritual. Él era usado por Dios.

Una de las partes más interesantes de su historia, es que a veces Dios usaba a Sansón *por* lo que él hacía. Y en ocasiones Dios lo utilizaba *a pesar de* lo que hacía. La historia de Sansón nos muestra que incluso cuando haya unción espiritual y un ministerio imponente, el talento nunca reemplaza a la falta de carácter.

Sansón rompió dos de los tres votos nazareos consecutivamente: tocó un cuerpo inerte (el cadáver de un león que había matado) con el fin de comer la miel que llevaba dentro. Debido a que él nunca había aprendido a decir que no a su apetito, rompió la promesa que le había hecho a Dios. Más adelante, en una despedida de soltero que se había organizado para él, bebió vino, quebrantando la promesa número dos (Jueces 14). Pero es el quebrantamiento de la última promesa la más famosa y trágica.

El que había sido un hombre fuerte

Sansón se enamoró de Dalila, una mujer filistea. El hecho de que ella fuera filistea ya era bastante malo. Los filisteos estaban todo lo alejados de los valores y la cultura de Israel que resultaba posible. Adoraban a un dios al que llamaban «Baal Zebub» (2 Reyes 1:2), Señor Baal. Su religión era tan malvada que la devoción a la prostitución constituía una parte medular de la adoración al Señor Baal, así como el sacrificio infantil. Eso les resultaba tan repulsivo a los hebreos que, como escarnio, llamaban al dios filisteo «Beelzebub». ¿Nos suena familiar? *Beelzebub* es una palabra hebrea que significa «Señor de las moscas». Beelzebub era un dios oscuro asociado con el lugar en el que se reunían las moscas sobre los montones de estiércol.

Los filisteos comenzaron a usar a Dalila para llegar a Sansón y descubrir así el secreto de su fuerza física.

Dalila le preguntaba a Sansón «¿Cuál es el secreto de tu fuerza?» Él inventaba respuestas falsas. Finalmente ella le dijo: ¿Cómo puedes decir que me amas, si no confías en mí? Ya van tres veces que te burlas de mí, y aún no me has dicho el secreto de tu tremenda fuerza» (Jueces 16:15).

Ella continuó insistiendo y molestando a Sansón hasta que él se hartó y le dijo todo. Ese enorme y fuerte hombre, ese carismático y magnético líder le confesó todo a una mujer persistente: «Nunca ha pasado navaja sobre mi cabeza, le explicó, porque soy nazareo, consagrado a Dios desde antes de nacer. Si se me afeitara la cabeza, perdería mi fuerza, y llegaría a ser tan débil como cualquier otro hombre» (Jueces 16:17). Ahora comprendemos el significado del cabello. Esa era la promesa que Sansón nunca había roto y ahora, por estar enredado con la compañera equivocada, por no haber aprendido nunca a decir que no a sus apetitos, por no haber aprendido a tolerar la frustración y la decepción, ese hombre al que se le habían dado dones en abundancia, destruyó lo que quedaba de su devoción a Dios quebrantando su última promesa. Ahora ya no era un nazareo; se había convertido simplemente en un hombre que alguna vez había sido fuerte.

Conocemos el resto de esta historia: él se fue a dormir, Dalila le cortó el cabello y lo ató. Cuando los filisteos vinieron a llevárselo, Sansón se incorporó pensando que iba a pelear contra ellos, pero entonces, la Biblia hace una de las aseveraciones más tristes: «Pero no sabía que el Señor lo había abandonado» (Jueces 16:20). Él no lo sabía.

Entre otras cosas, el carácter es la capacidad de ser habitados por Dios. Cada elección equivocada, cada pensamiento oscuro que nos permitimos, nos hace un poco menos sensibles a la presencia divina. Al final, el carácter de Sansón quedó tan erosionado que él ni siquiera percibió esa erosión ni se dio cuenta de lo ausente que estaba Dios de su vida. El éxito del talento puede enmascarar una erosión en el carácter. Sansón no tuvo el carácter como para sobrellevar su talento. Al final, los filisteos lo capturaron y le arrancaron los ojos.

Irónicamente, hasta que Sansón no perdió la visión, hasta que no se encontró ciego, humillado, prisionero, no imploró la ayuda de Dios. Pero incluso en el momento de la muerte, su historia resulta ambigua. Le pidió fuerzas a Dios para: «vengarse de los filisteos por haberle sacado los ojos» (Jueces 16.28). Así como vivió terminó su vida, en la

> Si uno no desarrolla el carácter como para sostener los dones, estos en realidad se volverán destructivos.

ambigüedad de la penumbra: un gran poder, un deseo de servir a Dios, pero todo mezclado con deseos de venganza.

Formación de carácter

Al igual que Sansón, es probable que tú estés extraordinariamente dotado. Pero si no desarrollas un carácter que sostenga tus dones, ellos se volverán destructivos. Tu misión fantasma vencerá y tus dones te aplastarán. Es solo cuestión de tiempo.

No tuviste opción en cuanto a elegir los dones que has recibido. Pero sí se te ha *dado* la opción de escoger el

> Podemos hacer cosas que parezcan muy impresionantes, pero lo que nos llevaremos a la eternidad es *aquello en lo que nos hemos convertido.*

carácter que construirás. El carácter, entendido como la habilidad de crecer hasta alcanzar el carácter de Jesús, está disponible para todo aquel que lo desee. Pero no vivimos en una cultura que exalte la transformación del carácter. El gran desafío de modelar nuestro carácter a la imagen de Cristo es que eso nos insumirá tiempo. No resultará muy glamoroso y no nos dará mucho… excepto una vida con Dios, y la sanidad de nuestro quebrantado, hambriento, herido, lastimado y cansado corazón; excepto la satisfacción del alma, cosas que el talento jamás nos podrá proporcionar.

Una vez más: la formación del carácter resulta

absolutamente fundamental para nuestro bienestar, pero no es algo atractivo. Muy a menudo en nuestro trabajo, en nuestras vidas, incluso en nuestras iglesias, pensamos: «¡Hombre!, suceden muchas cosas, no podemos perder tiempo trabajando nuestro "carácter"». Sin embargo, la pregunta que deberíamos hacernos es: ¿Quiénes queremos ser? Podemos hacer cosas que parezcan muy impresionantes, pero lo que nos llevaremos a la eternidad es *aquello en lo que nos hemos convertido*.

Pues bien, cómo llevamos a cabo este nebuloso concepto conocido como «edificar el carácter». Trabajar el carácter funciona dentro de una de esas extrañas dinámicas en la que las cosas no se logran buscándolas directamente. Quizás alguien diga: «Hoy me esforzaré mucho por ser humilde». Pero tratar de esforzarse no crea humildad. Y si uno se las arregla para sentirse humilde por un momento, el siguiente pensamiento que se presenta es: *¡Guau, estoy siendo muy humilde! ¿Cómo es que otras personas no logran ser así?*

En lo que se refiere a la formación de carácter, resulta preciso valernos de un principio indirecto. Es como la felicidad.

El gozo, por supuesto, es parte de un carácter saludable, pero no se puede buscar la felicidad haciendo de ella el enfoque más importante de la vida. El gozo viene como un producto añadido mientras nos hallamos en la búsqueda de otras cosas. Yo creo que el carácter viene como un producto añadido a la búsqueda de Dios y del reino de Dios.

No podemos construir el carácter por medio de una automejora moral. La redención de nuestro carácter es un trabajo que tiene que ver con las dimensión de Dios. Pero no somos pasivos en ese proceso. Hay prácticas que podemos llevar a cabo con el fin de ayudar a la formación del carácter. Richard Foster escribió muy sabiamente refiriéndose a esto en su libro clásico *Alabanza a la Disciplina*. Él identifica ciertas prácticas que, cuando se realizan sabiamente y con intenciones serias, pueden llevar al crecimiento espiritual. Por ejemplo, si la humildad es algo en lo que en realidad necesitamos trabajar, deberíamos involucrarnos en actos de servicio. O si usamos un lenguaje determinado para intimidar, exagerar o engañar, entonces la práctica del silencio sería muy importante en nuestro caso.

> La redención de nuestro
> carácter es un trabajo
> que tiene que ver con las
> dimensión de Dios. Pero
> no somos pasivos en ese
> proceso.

La idea de llevar a cabo prácticas espirituales o disciplinas puede sonar intimidante. En general, el término «disciplina» no es algo que entusiasme en nuestros tiempos. Pero es importante recordar que estas prácticas son sencillamente medios para llegar a un fin. Todo aquel que esté deseoso de un cambio en cualquier aspecto de su vida, podrá llevarlo a cabo. Pensamos en los ascetas de la Edad Media como personas extrañas. Pero muchos de los grandes ascetas de nuestro tiempo están jugando en la NFL (Liga Nacional de Fútbol Americano, por sus siglas en inglés) o realizando conciertos. Ellos someten sus cuerpos a serios y sabios entrenamientos para ser capaces de lograr lo que tan profundamente anhelan: lanzar al piso al mariscal de campo o tocar *Stairway to Heaven* [Escalera al cielo].

A menudo en nuestra época, la gente considera el entrenamiento simplemente como algo que se lleva a cabo para desarrollar el talento. Sin embargo la gente sabia siempre ha comprendido que el desarrollo del carácter también requiere «entrenamiento». Y nos entrenamos preguntándonos, en primera instancia, qué es un buen carácter. Nos cuestionamos: *¿Cuáles son los obstáculos que debemos superar para tener esa clase de carácter? ¿Soy propenso al chisme, a la holgazanería, a la amargura, al egoísmo, a la apetencia de poder o a la apatía?* También nos preguntamos: *¿Cuáles son las prácticas que me ayudarían a tener el poder para vivir una clase diferente de vida?* Siempre, el objetivo de la disciplina es la libertad. Quiero ser libre para hacer lo bueno, en el momento apropiado, de la forma adecuada y por la razón correcta.

Uno de los ejemplos clásicos de la misión fantasma en nuestros días es el tema de las adicciones. Tenemos una amiga que se llama Sheila. Ella es alta, elocuente, carismática, una abogada brillante graduada de las universidades norteamericanas de élite, pero su misión fantasma era sentirse bien. Al final, su misión fantasma provocó que bebiera mucho y tan a menudo como le fuera posible, para evitar todo el dolor que le fuera posible. Por largo tiempo, su talento hizo que la gente la excusara, pero llegó un momento en que se le dijo que una juerga más implicaría la pérdida de su trabajo.

Ella recayó una vez más.

Terminó en la sala de rehabilitación de un hospital psiquiátrico. Su doctor le indicó que debía asistir a una reunión de Alcohólicos Anónimos a primera hora de la mañana. Ella respondió: «No voy a reunirme con un montón de borrachos a las seis de la mañana». Él le contestó: «No solo que vas a ir, sino que vas a hacer café para un montón de borrachos a las seis de la mañana».

Ella fue. Preparó café. Se unió al grupo, comenzó a seguir los doce pasos y a través de estas prácticas: rendición, autoexamen, confesión, responsabilidad, entre otras, ella empezó a recibir el poder de hacer lo que no podía por su cuenta. Fue libre de su misión fantasma. Un día a la vez. ✓

Encuentra a tu Mardoqueo

Rara vez la edificación del carácter ocurre en soledad. Nunca batallaremos exitosamente contra nuestra misión fantasma si no tenemos a alguien que nos hable con la verdad. Todos necesitamos un Mardoqueo.

¿Qué quiero decir? Piensa en la historia de Ester. ¿Crees que Ester habría renunciado a ir tras la misión fantasma de una vida fácil y relajantes regímenes de belleza sin el conmovedor desafío de Mardoqueo? Lo dudo. ¿Se habría dado cuenta del peligro en el que estaba? Tampoco lo creo. ¿Habría actuado en consonancia con ello? Lo dudo aun más. Solo de su confiable tutor Mardoqueo podía ella aceptar un desafío como ese, incluso cuando todos sus instintos de autoprotección le habían dicho que no. Ester y Sansón fueron probablemente la personificación del estereotipo de femineidad y masculinidad de su época. Una de las más grandes diferencias entre ellos fue que Ester tuvo un Mardoqueo y Sansón no.

NO TUVO? NO ESCUCHO!

¿Quién es el Mardoqueo de tu vida? ¿Quién te ama lo suficiente como para desafiarte cuando estás listo para ceder ante tu misión fantasma. Si eres parte de una junta de ancianos o de un equipo de liderazgo, ya sea en tu iglesia o en tu lugar de trabajo, ¿tienes conversaciones de manera regular, frontal, y libres de temores sobre la realidad de tu misión fantasma? Si estás en una posición de liderazgo en tu equipo, ¿das ejemplo de ello? Si eres líder y no has identificado tu misión fantasma, te garantizo que eres el único en tu equipo de liderazgo que no lo ha hecho. Todos los demás la conocen... y hablan de ella.

Así que encuentra a tu Mardoqueo. Un Mardoqueo es alguien que está más dedicado a desarrollar tu carácter que a dejarse impresionar por tu talento. A menudo esa persona es un cónyuge o un amigo cercano. Pero incluso los más cercanos a ti no siempre ven todos los aspectos de tu vida. Necesitarás de otros miembros de la familia, amigos o colegas a los que ames, gente en la que puedas confiar; personas que sean capaces de decirte la verdad. Pídeles que te lo señalen cuando tomes un camino equivocado. Escúchalos en ese momento.

Identifica tu misión fantasma

Hasta este momento he dejado de lado el tema de identificar la misión fantasma de cada uno. Primero deseaba que comprendiéramos las consecuencias de vida o muerte de las misiones fantasmas y deseaba que tuviéramos en claro lo importante que resulta el carácter para luchar contra esa misión fantasma y que entendiéramos que el talento puede, en ocasiones, hacer que no veamos la necesidad que tenemos de forjar nuestro carácter. Pero ahora es el momento de abordar este tema porque para poder luchar contra nuestra misión fantasma, primero debemos identificarla. No podemos luchar contra un enemigo que no sabemos quién es.

He realizado muchos ejercicios para desarrollar una declaración personal de misión, y a decir verdad, he pasado momentos difíciles para lograr una declaración de misión que se sostenga. Puedo identificar los aspectos generales que me apasionan, pero lograr una frase concisa, memorable y representativa (un eslogan) ha sido difícil.

Pero no sucede lo mismo con mi misión fantasma. Yo he sabido cuál es desde que tengo doce años de edad y puedo resumirla en cuatro palabras. Cuando era pequeño yo solía dar discursos en nuestro pueblo natal. El reportero de un periódico cubrió una de esas ocasiones. El titular de la historia decía: «Niño parlanchín obtiene elogios» Ese es el eslogan de mi misión fantasma. Lo sé, de no ser por la ayuda de Dios, mi vida sería un ejercicio de la autoidolatría, un inútil esfuerzo por obtener aprobación. Yo lucho contra esta misión fantasma diariamente y lucharé con ella por el resto de mi vida. La gente a la que amo muchas veces se ha visto lastimada por ella.

Pienso en un hombre con el que conversé tiempo atrás, un líder de negocios en el mundo empresarial. Estaba casado y tenía hijos pequeños, y su hijo se quejaba porque nunca estaba en casa. Ante eso, él agregó: «Ellos no comprenden que estoy haciendo todo esto por ellos».

«¿De verdad?», lo desafié. «¿En verdad es cierto que estás haciendo todo por ellos? ¿Cómo es que lo estás haciendo por ellos si ellos no quieren que hagas eso? Si ellos no existieran, ¿sería tu vida muy diferente de lo que es ahora? ¿No estarías trabajando en la misma forma en que lo haces en este momento?»

En realidad, no lo estaba haciendo por ellos. Era claro por quién lo hacía. De hecho, su eslogan podía haber sido exactamente lo opuesto a lo que él decía, es decir: «Ellos lo comprenden, ¡lo estoy haciendo por mí!»

Pienso en una mujer que conocí, que dirigía una organización educativa basada en la fe. Era muy inteligente, tenía toneladas de energía y mucho dinamismo, pero su frase más frecuente era: «Lo siento». No «vamos a emprender algo». Tampoco «somos afortunados al poder hacer esto». Ni «enfrentemos el mañana». Sino «Lo siento».

El oscuro secreto, la verdad detrás de todas sus disculpas, que nadie conocía, ni siquiera ella, era que no lo sentía. Tenía miedo. Si hubiera podido escudriñar más allá de su miedo, habría descubierto algo de ira también. Yo creo que ella estaba enojada con las demás personas porque ella no les simpatizaba a pesar de ser siempre tan amable; y estaba enojada consigo misma por decir «lo siento» tan a menudo, cuando en realidad no lo sentía.

Esa mujer tenía una misión fantasma, aunque

muy sutil. Su misión fantasma era agradar a los demás o simpatizarle a todos, de tal manera que si no les gustaba, podía sentirse justificada juzgándolos o desestimando sus críticas. Su misión fantasma estaba tan inmersa en disculpas que casi parecía radiante. Pero era una misión fantasma de todas formas. En esencia, no era simpática en lo absoluto. Todo giraba alrededor de evitar el conflicto, evadir las antipatías y escapar de la crítica. Era, como todas las misiones fantasmas, resistente a la verdad. Al final, succionó toda su integridad y su vida. Y ella dejó su llamado. Adivinen qué dijo en su discurso de despedida: «Lo siento».

Piensa en cuánta desilusión podría evitarse si la gente estuviera alertada sobre su misión fantasma. Por eso es tan importante que tú encuentres tu misión fantasma, para que puedas destruirla.

Sin embargo, antes de identificar tu misión fantasma, es una buena idea que te sientes con calma por un tiempo, que ores y le pidas al Espíritu Santo que abra tus ojos, ya que Dios promete dar sabiduría a aquellos que se la pidan (Santiago 1:5). Pablo usa la imagen de una armadura, porque esta clase de trabajo es una batalla. Requiere el cinto de la verdad, la coraza de justicia (¡carácter, una vez más!), el escudo de la fe (no puedes hacer esto por ti mismo), el casco de la salvación (ya ni siquiera montamos bicicleta sin casco y esto es mucho más peligroso) y la espada del Espíritu (Efesios 6:10-18; Hebreos 4:11-13).

Piensa en el pasado. Pregúntate: ¿Cuándo he fallado? ¿Cuándo he sentido vergüenza? ¿Cuándo un suave murmullo me ha indicado que me he salido del camino?

Lee la lista de «Las diez misiones fantasmas más frecuentes» (pág. 65). ¿Reconoces alguna de ellas por experiencia personal?

¿Viste reflejada tu misión fantasma en las historias de Ester o Sansón o en la de algún otro personaje bíblico?

Escribe tus reflexiones, si eres de los que escriben. Haz círculos alrededor de tus tentaciones. Dirige la atención hacia tus fallas. Trata luego de reducirlo todo a una oración, a un eslogan o quizás a una sola palabra. Haz que tu «Mardoqueo» le dé el visto bueno para ver si alguien que te conoce bien ve eso en ti.

Las diez misiones fantasmas más frecuentes

1. Tan solo dame un hogar, salud y dinero ✔

2. Estoy ocupado, ocupado, ocupado. ✔

3. No me importa quién esté a cargo, siempre y cuando sea yo ✔

4. Muéstrame el dinero ✔

5. Todo tiene que ver conmigo ✔

6. Intento mantener las adicciones ocultas ✔

7. Lo pensaré mañana ✔

8. Quedaré bien evitando el conflicto ✔

9. Trato de subir la escalera primero, dejo a los demás en segundo lugar ✔

10. Compro a más no poder ✔

Una amiga mía realizó este ejercicio. Luego de pensar y orar, resumió así su misión fantasma.

Oración. Caigo en mi misión fantasma cuando me ocupo tanto de cumplir las tareas que estas se vuelven más importantes para mí que amar a Dios y a mi prójimo.

Eslogan. Hacer una lista de todo lo hecho.

Una palabra. Ocupación.

Es probable que descubras que estas batallando contra múltiples misiones fantasmas. ¡Tal vez puedas identificar una legión de ellas! Sin embargo, por ahora deberás enfocarte solo en una: aquella que más deseas

Una de las mejores maneras de batallar contra tu misión fantasma, es no enfocándote en ella para nada. En lugar de eso, enfócate en el gozo, en un gozo que no tenga que ver con estrategias.

esconder. Trabaja en ella por un tiempo. Habrá suficiente tiempo para trabajar en la número dos (a menos que la número uno sea posponer las cosas). En verdad puedes confiar en que Dios te guiará en el proceso. Finalmente, si después de todo eso todavía no puedes identificar tu misión fantasma, necesitarás obtener ayuda externa. Busca tus propios Mardoqueos y pregúntales.

Enfócate en el gozo

Una vez que hayas realizado esa pesada tarea de la reflexión y la auto evaluación, será tiempo de tomar un descanso. Literalmente hablando. Una de las mejores maneras de batallar contra tu misión fantasma, es no enfocándote en ella para nada. En lugar de eso, enfócate en el gozo, en un gozo que no tenga que ver con estrategias.

El gozo estratégico es el que produce la ejecución exitosa de un plan. Como tal, a menudo está atado a una misión fantasma. El gozo no estratégico no tiene nada que ver con el éxito, habilidad o poder de una persona. Simplemente es.

Pasar tiempo con personas no enfocadas en lo

gozo no estrategico!!!

estratégico es un gran recurso de gozo puro. Jugar con tus hijos en el piso, convertirte en mentor de un niño de una escuela de tu comunidad, salir con tus amigos, hacer una cita con tu esposo o esposa. Todas esas cosas son de increíble ayuda para proporcionarnos un gozo no estratégico.

Para mí, aproximadamente durante el último año, una fuente de gozo no relacionada con lo estratégico ha sido el golf. Ahora bien, el golf puede estar bastante cerca de ser una misión fantasma en sí mismo. Yo comencé a jugarlo y me gusta hacerlo, pero el golf no me ayuda a lograr ningún objetivo ni a hacer nada importante; para mí es puro gozo. ¡Y resulta mucho mejor cuando trato de superar una frustración imaginándome el rostro de alguien en esa pequeña pelota blanca cuando la golpeo!

Dios nos ha dado otra asombrosa fuente de gozo no relacionada con lo estratégico: la adoración. Ya sea con un órgano o con un equipo de alabanza, con la liturgia o riéndonos en el Espíritu. La pura e inalterada adoración a Dios es uno de los mejores antídotos contra una misión fantasma que oscurece nuestros corazones. La adoración es (o debería ser) puro gozo. Consiéntete con ella de manera regular.

Misiones fantasmas dentro de las organizaciones

Dado que he abierto los ojos con respecto a la idea de las misiones fantasmas, he visto que estas no solo aquejan a los líderes, sino que también infectan organizaciones enteras.

La iglesia a la que sirvo está a solo un par de kilómetros de la prestigiosa Universidad Stanford, en el corazón de Silicon Valley. Si la torre de Babel se hubiese construido en el siglo XXI, esta localidad probablemente hubiera pugnando por llevar a cabo el proyecto. Empresarios capitalistas, jóvenes emprendedores, reconstructores de casas lujosas y técnicos alfa conviven en una tierra de sueños millonarios. Muy educados, muy opulentos, muy ocupados. La comunidad que más se le acerca es East Palo Alto, que hasta hace pocos años ostentaba el record en cuanto a mayor cantidad de crímenes per cápita en la nación. Pero está a un mundo de distancia.

El personal de la iglesia identificó su misión fantasma años antes de que yo llegara allí, por la sola naturaleza de su ubicación. Ellos no usaron la frase «misión fantasma», pero eso precisamente es lo que estaban describiendo. En ocasiones bromeaban diciendo que el eslogan de la iglesia debería ser: «Una iglesia exitosa para gente exitosa».

Solo imagínate que la misión fantasma de tu iglesia se colocara en un rótulo o se imprimiera en la papelería. ¿Cuál podría ser el eslogan? «Es probable que no estemos creciendo, pero juzgamos a las iglesias que lo hacen». «Desde 1893 tenemos éxito en evitar conflictos». «Nos ocupamos de los nuestros… y tú no eres uno de ellos».

Los negocios y las empresas sin fines de lucro no son inmunes a adquirir el síndrome de deficiencia en cuanto a la misión. Una firma dedicada a la contabilidad comienza con la misión de proporcionar una retroalimentación sincera y brindar orientación en prácticas financieras en ciertas áreas de negocios, para ayudar a crear responsabilidad. Pero con el paso del tiempo, la firma se vuelve más grande, logra más clientes y su misión se transforma en: «mantener y aumentar nuestra grandeza sin ser atrapados haciendo algo ilegal». Después de un tiempo, el aspecto referido a «no ser atrapados» que tiene esa misión fantasma decrece en importancia. En ese momento, comienza la cuenta regresiva.

Una empresa nace con el sueño de proveer a la gente energía poco costosa y amigable para el ambiente. Las ganancias crecen. Entonces la presión lleva a aumentar las ganancias, aun a costa de la visión original. La gente que alcanza los más altos niveles es descrita como gigante por las publicaciones líderes en su campo. Eventualmente la misión se convierte en: «mantener el gran ego de la gente que está en la cima». Fusiones, sobornos, dudosos informes trimestrales sobre estrategias, espléndidas oficinas y prácticas financieras del más alto nivel se dan fuera de la vista del público; son solo conocidas dentro de la compañía. Esas estrategias son indicativas de la misión fantasma de la corporación.

Un funcionario gubernamental electo es tan poderoso que trama la ruina de numerosos rivales, haciendo posible el soborno de la persona contra la que él compite. Lleva una lista de sus enemigos. Alienta una cultura en la que aquellos que están bajo él deben volverse implacables en su arrogancia y poder. Al final, cualquiera haya sido la misión establecida en un inicio, resulta arrasada por la misión fantasma, y todo el castillo de naipes se desploma.

Una empresa tecnológica está tan comprometida en su afán por abrir mercados extranjeros, que permite que su tecnología sea usada por un gobierno totalitario para obtener información de disidentes políticos, los que resultan encarcelados injustamente. Cuando esto se hace público, los ejecutivos de la corporación tecnológica se encogen de hombros. Sería preferible que ellos tuvieran ciertos escrúpulos éticos, pero no se debe permitir que interfieran con la misión fantasma de alcanzar el dominio global.

Un gerente general contrata detectives para que investiguen a su personal y a su junta, porque la misión fantasma se ha convertido en el «acatamiento y lealtad a toda costa». Directores de compañías y magnates de bienes raíces usan libros, seminarios y programas de televisión para convertir sus rostros y nombres en una marca al servicio de la misión fantasma que señala: «Ser el ganador máximo lo es todo».

Lidera a tu equipo en la batalla

Como los ejemplos anteriores lo revelan, identificar y luchar en contra de la propia misión fantasma es bueno, pero cualquier buen líder también identifica y batalla contra la misión fantasma de la empresa, iglesia u organización que lidera. Y la mejor manera de hacerlo es alertando a todo el equipo con respecto al concepto de misión fantasma, para que todos juntos puedan reconocer el rostro del enemigo contra el que batallan. ✓

Alertando

Convoca a un retiro

Si lideras un equipo, es probable que desees llevar a cabo reuniones más amplias o incluso un retiro para presentar y analizar el tema de las misiones fantasmas. Podría ser útil salir del propio ambiente para permitir que los miembros del equipo tomaran una distancia necesaria con respecto a sus tareas diarias, de tal forma que pudieran enfocarse en esos importantes asuntos. Y como en cualquier retiro, asegúrate de incluir algo divertido para levantar el ánimo y motivar a la edificación de relaciones.

Según sea la atmósfera existente y las relaciones que se dan entre los miembros de tu equipo, este tema de la misión fantasma puede tener el potencial de intrigar y entusiasmar o intimidar y considerarse una amenaza.

Resulta de ayuda que la gente sepa que todos los seres humanos y todas las empresas tienen que luchar contra esto. La cuestión no es *si* tienes una misión fantasma, sino si vas a enfrentarla. Es probable que desees hablar sobre el ejemplo de algunos individuos, iglesias, compañías o administraciones que han sido invalidados por la dinámica de la misión fantasma. Entender lo que está en juego puede ayudar a despertar el interés de la gente por este tema.

Como líder, te será útil entender una verdad sencilla: todos tus subordinados ya comprenden cuál es tu misión fantasma, y probablemente la conocen mejor que tú. Hace un siglo, un gran erudito conocido como W.E.B. DuBois notó que los afroamericanos tenían un gran aporte que hacer a la América blanca, si solo la América blanca estuviera dispuesta a aceptarlo. Es un don al que denominó «visión doble»: la habilidad de ver al país tanto por dentro como por fuera,

> La cuestión no es *si* tienes una misión fantasma, sino si vas a enfrentarla.

porque su pueblo había sido mantenido fuera por aquellos que detentaban el poder adentro. La misión fantasma de aquellos que tienen el poder es vista más claramente por aquellos que están bajo ese poder. Así que, como líder, si temes revelar a tus subordinados la verdad de que tienes una misión fantasma, relájate: ellos ya lo saben. Probablemente conozcan tu misión fantasma mejor que tú.

Cuando sientas que tú y tu equipo están listos para tratar este asunto, da comienzo a la reunión, de ser posible con un tiempo de oración. Piensa en cómo será el período de oración. Es probable que desees usar algo de tiempo para realizar confesiones. Dale a la gente la oportunidad de ser sincera ante Dios sobre sus lados oscuros. Luego, usa algunos momentos de oración para pedir gracia. Tómate el tiempo para recibir el perdón y la misericordia de Dios. Pide iluminación y sabiduría. Nunca somos capaces de ver toda la verdad acerca de nosotros mismos sin la ayuda de Dios. Motiva a la gente para que le pida a Dios sabiduría al hablar de las cosas difíciles, tanto en amor como en verdad.

Entonces introduce la idea de la misión fantasma. Defínela, analízala. Es probable que desees entregar una copia de este libro a cada miembro de tu equipo y hacer que pasen un tiempo a solas leyéndolo y pensando en su propia misión fantasma. Discute la idea general de la misión fantasma, pero no pongas a nadie en una encrucijada ni le pidas que identifique su misión fantasma, a menos que se sienta absolutamente cómodo al hacerlo. Es probable que creas que identificar públicamente la misión fantasma de cada uno sea más aceptado o necesario en un escenario eclesial que en un escenario de negocios, dado que en la iglesia estamos llamados a ser espiritualmente responsables los unos por los otros. Pero yo no creo que este sea el caso. Patrick Lencioni, autor de numerosos éxitos literarios sobre liderazgo, escribe que el fundamento de un equipo saludable es la confianza, y el núcleo requerido para construir esa confianza es la adecuada vulnerabilidad de un líder. La verdadera vulnerabilidad nunca puede ser fingida. Siempre aparece con algo de riesgo, con algo de dolor.

Identifica la misión fantasma de tu organización

Una vez que sientas que todos han comprendido el concepto de misión fantasma, utiliza el tiempo para identificar y definir con el equipo la misión fantasma de tu organización. Es probable que desees comenzar haciendo una lista de las veces en que tu equipo perdió el rumbo. Esto varía de grupo a grupo. En algunos se debe a la falta de estructura o a la incapacidad de tomarse las cosas en serio; en otros puede tener que ver con concentrarse en cuestiones que no son las debidas. Es probable que desees identificar los indicadores o las luces de advertencia que señalan que una operación fantasma está en marcha. Usa el tiempo para hacer una lista de posibles misiones fantasmas, redactándolas en una frase como si fuera un eslogan, o en una sola palabra.

¿Cómo sabes que has identificado tu misión fantasma? ¿Cómo sabes que has puesto el dedo en la llaga? Es igual que con el rugido de un león en la jungla: cuando lo escuchas, *simplemente sabes que es*. Cuando la identifiques, sentirás una pequeña liberación de energía, incluso habrá risas, es probable que vergüenza y ciertamente reconocimiento. La gente del equipo dirá: «¡Así es! ¡Esos somos nosotros!» Una de las razones por las que nos reímos y recordamos eslóganes como «Desde 1973 evitamos los conflictos exitosamente» es ese chispazo de reconocimiento, ese momento de decir «Ajá, yo soy ese», o, «Conozco a alguien que es exactamente así». En ese momento querremos enfocarnos en el debate de la cuestión.

Finalmente, quizás desees encontrar un Mardoqueo, alguien fuera de la organización que puede tratar el tema de la misión fantasma con todo el equipo. A menudo alguien de afuera puede ver las cosas que la gente que está dentro no es capaz de ver. Mi esposa es mi más grande motivadora y amiga, y ella es también mi más eficiente Mardoqueo. Recientemente hablé en un evento durante

> ¿Cómo sabes que has identificado tu misión fantasma? ¿Cómo sabes que has puesto el dedo en la llaga? Es igual que con el rugido de un león en la jungla: cuando lo escuchas, *simplemente sabes que es.*

la primera semana de enero, y alguien luego dijo, un poco exageradamente: «Esto ha sido lo mejor de mi año». Mi esposa estaba parada junto a mí. Su respuesta inmediata fue: «El año recién comienza».

Arma una estrategia de batalla

Una vez que identifiques la misión fantasma de tu equipo, usa tu tiempo para armar una estrategia de batalla. Enumera las maneras en que puedes combatir la misión fantasma. ¿Es necesario conformar una estructura con niveles de responsabilidad? ¿Hay algún sistema, horario o rutina que

Las diez misiones fantasmas
más frecuentes en las organizaciones

1. Triunfar por amor al triunfo

2. Conformar un temerario escuadrón de personas que dicen que sí a todo

3. ¿Por qué arriesgarnos a caminar sobre el agua si podemos flotar?

4. La gente está hecha para ser usada

5. Mantener el sistema

6. No te metas en mi área

7. Todo es política

8. Manejar el arte del consentimiento malicioso

9. El cinismo somos nosotros

10. Evitar la responsabilidad.

tenga que modificarse? ¿Existe alguna forma de hacer que el equipo tenga presente la misión fantasma que lo caracteriza, alguna manera gentil o humorística de recordarle al equipo acerca de la misión fantasma de un modo que no le resulte negativo, severo o molesto?

Probablemente la herramienta más importante para luchar contra la misión fantasma sea la soledad. La soledad resulta crucial para formar el carácter humano. Me parece impresionante que haya sido en la soledad que Jesús enfrentó más atrozmente su propia misión fantasma. Fue durante los cuarenta días en el desierto que el maligno lo tentó a ser un Mesías sin hambre, sin dolor y sin oposición. Y fue en la soledad que Jesús batalló contra su misión fantasma y se le concedió la gracia de decir que no.

Como líder, necesito retirarme regularmente de la gente, de las conversaciones y de los sistemas que normalmente me rodean porque, aunque estén llenos de buenas intenciones y actividades constructivas, con el tiempo me veré tentado a usarlos para alcanzar mi misión fantasma. En la soledad es donde se desenmascara el fantasma. Cuando

> Probablemente la herramienta más importante para luchar contra la misión fantasma sea la soledad. La soledad resulta crucial para formar el carácter humano.

estoy solo recuerdo que no hay misión en la tierra que pueda darme lo que más deseo: ser amado y valorado por mi Padre Celestial.

Lo que se aplica a mí, también se aplica a la gente que sirve junto conmigo, la que está sobre mí y la que se encuentra debajo de mí. Debemos retirarnos unos de los otros para ser libres de la necesidad de impresionar, dominar o usarnos mutuamente. Así seremos capaces de identificar las misiones fantasmas de cada uno y reírnos de ellas, confesarlas, señalarlas cuando quieran resurgir y llamarnos unos a otros a una misión más profunda.

También resulta útil revisar nuestros objetivos. ¿Qué

medimos? Si nuestra misión fantasma como organización es ser grandes, sería mejor entonces medir algo más que solo la asistencia. Por ejemplo, podríamos medir la cantidad de veces al año que aquellos que estamos en el liderazgo servimos alimentos en refugios para desamparados o que entregamos nuestro tiempo como voluntarios de alguna otra forma.

Te voy a dar otra herramienta que puede **LEE!** sorprenderte: lee buena literatura. Sé que para los líderes activos, una lectura como esa puede parecer pérdida de tiempo. Pero tragedias como *Macbeth, Hamlet* o *El Rey Lear* son historias de misiones fantasmas. El filósofo griego Aristóteles dijo que uno de los ingredientes esenciales de una tragedia es que nos permite la identificación con el personaje central. Uno de los propósitos de la tragedia es aniquilar nuestra arrogancia, para ayudarnos a reconocer con humildad nuestra tendencia a rendirnos ante la oscuridad. Sin embargo, como el autor Alain de Botton señala, la tónica de la cultura moderna y los tabloides, a menudo satisfacen la emoción opuesta: ¿Cómo pueden esos extraños, celebridades patéticas, políticos, gerentes generales tener

> Uno de los propósitos de la tragedia es aniquilar nuestra arrogancia, para ayudarnos a reconocer con humildad nuestra tendencia a rendirnos ante la oscuridad.

semejantes fallas inimaginables? Él señala que si Otelo fuera una historia moderna, los titulares del periódico dirían algo como: «Inmigrante enloquecido de amor asesina a la hija de un senador». O, en el caso de Edipo, rey, podría ser: «La realeza atrapada en un incestuoso escándalo»*. El acto mismo de liderazgo puede reforzar nuestras ilusiones de orgullo y absoluta solvencia. La lectura nos hace comprender que todos llevamos un Amán, un Sansón, un Macbeth o un Otelo dentro de nuestros corazones.

Restaura gentilmente a los extraviados

Finalmente, como líder de un equipo, tienes que ser algo así como un pastor que busca a los miembros del equipo

* Alain de Botton, «Ansiedad por el Estatus», Taurus, Madrid, 2004.

que se han descarriado tras sus misiones fantasmas y que los guía gentilmente de vuelta al redil. A menudo, cuando alguien se sale del camino tenemos la tendencia de ignorar su comportamiento, con el ánimo de no causar problemas o de excusarlo o racionalizar la situación, especialmente si la persona es destacada. Si nos alejamos de aquellos que se descarrían, es probable que chismorreemos o que los juzguemos. Pero ninguna de esas respuestas es útil y, a la larga, resultan claramente dañinas.

En Gálatas 6:1, Pablo dice: «Si alguien es sorprendido en pecado, ustedes que son espirituales deben *restaurarlo* con una actitud humilde». La palabra clave es restaurarlo. La restauración requiere tiempo, sabiduría, consideración y cuidado gentil. Eso también es válido para aquellos que tienen la oportunidad de tomar acciones disciplinarias en el mundo de los negocios. Como Jesús lo señaló, en esos casos el primer paso es hablar con la persona cara a cara y en privado (Mateo 18:15).

Este es un ejemplo de alguien que hizo eso por mí. Hace como un mes, estaba hablando con un amigo cercano sobre una conversación que había mantenido con mi esposa, y en la que Nancy me había dicho que ella sentía que yo no estaba brindando apoyo en la casa. Le mencioné que mi misión fantasma en casa tendía a ser una preocupación por mí mismo y la pasividad. Y este amigo me dijo: «¿Sabes qué?, yo veo eso en ti. Últimamente, en algunas ocasiones, he pensado en que quiero hablar contigo o mandarte un correo, pero no lo hago porque siento que estaría incomodándote».

Ese amigo no hizo ninguna acusación. De hecho, no me estaba culpando de nada. Él simplemente me comentó lo que había descubierto que sucedía dentro de mí. Él es alguien bastante cercano y resultó doloroso pensar que alguien que me importaba pudiera sentir que me incomodaba. Tuvimos una larga conversación al respecto y más adelante reflexioné sobre el asunto. Me di cuenta de que cuando coloco mi nave en el modo «misión fantasma», uso mi energía y talento para que la gente me aplauda, pero las personas cercanas a mí sienten que no tengo tiempo para ellos. Fue un descubrimiento humillante.

Ya sea que batalles contra una misión fantasma

SÍNTOMAS & ESTRATEGIAS !

individual o corporativa, ten en cuenta que los síntomas de la enfermedad y las estrategias para luchar en su contra son los mismos. Para tu comodidad, las he resumido en dos apartados (págs. 88-89). Úsalos para elaborar tu propio diagnóstico y crear tu propia estrategia de batalla.

De la misión fantasma a la auténtica visión

Aunque es importante edificar tu carácter e identificar tu misión fantasma, en verdad solo necesitas una cosa. Sin esa única cosa puedes llegar a identificar tu misión fantasma, señalarla, pelear contra ella y aun así perder la batalla. Esa cosa esencial es la visión de Dios y la realidad de su Reino.

> Cuando coloco mi nave en el modo «misión fantasma», uso mi energía y talento para que la gente me aplauda, pero las personas cercanas a mí sienten que no tengo tiempo para ellas.

87

Síntomas de una misión fantasma puesta en marcha

- **Una sensación crónica de insatisfacción en el alma.** En el trabajo no me siento como un ser humano sino como el engranaje de una máquina. ✓

- **Indicadores emocionales.** Irritabilidad, falta de gratitud o gozo, profunda impaciencia, un sentido de estancamiento. Dificultad para lograr o mantener la motivación. Cuando me detengo, me pregunto: «¿Por qué estoy haciendo esto?» ✓

- **Sensación de suficiencia, exclusividad y orgullo autocomplaciente.** Tengo la necesidad constante de inflar mi ego, comparando nuestra organización con otras organizaciones del medio en el que me muevo, que son menos impresionantes. ✓

- **Ocuparse de tareas triviales.** He perdido el sentido del significado de lo que hago; prefiero la realización de cosas rutinarias a los compromisos genuinos. ✓

- **Relaciones superficiales.** Las personas llegan a convertirse en objetos a ser utilizados. El anonimato es predominante. La gente no conoce a nadie fuera de su cubículo. Los supervisores no se preocupan por las vidas, familias e intereses de aquellos a los que supervisan. Pocas son las amistades que se desarrollan en el trabajo. Se sienten desconocidos. ✓

- **Vanagloria.** Mis dones no son usados para glorificar a Dios sino para gratificarme. ✓

- **Falta de autenticidad.** Los líderes dan discursos para motivar, pero el tono se percibe arrebatado, artificioso, manipulador. Faltan sencillas y sinceras descripciones de por qué lo que hacemos es importante. La gente da respuestas superficiales, pero por debajo subyacen las quejas y una tendencia a aislarse, expresadas destructivamente y de manera encubierta. ✓

- **Sensación de vaciamiento.** Hay una sensación en el personal de que la organización está desgastando las reservas relacionales construidas en el pasado, que solían ser más saludables en tiempos de mayor entrega. ✓

- **Pérdida de la excelencia.** Ya no resulta claro para la gente qué significa ser eficiente. Lo que una vez fue una visión clara y convincente, ha sido reemplazado por un «manejo de las quejas» o por comportamientos «de supervivencia».

Estrategias para batallar contra tu misión fantasma

- **Pasa tiempo en soledad y silencio.** Dedica tiempo a estar en soledad, lo mismo que los demás miembros del equipo, para que puedan tener claro cuál es su misión fantasma. ✓

- **Ábrete humildemente a la verdad.** Lee buena literatura con un espíritu de arrepentimiento. ✓

- **Sé sincero.** Reconoce tu misión fantasma con valentía, precisión y humor. ✓

- **Identifica las consecuencias.** Reflexiona junto con los demás sobre lo destructivo que sería entregarse a la misión fantasma de la organización y vuelvan a comprometerse para luchar contra ella. ✓

- **Cuantifica el progreso.** Como equipo, celebren con regularidad el progreso cuando avancen hacia la verdadera misión de la organización.

La Reforma, el Gran despertar, el Movimiento del pueblo de Jesús, como Dallas Willard lo puntualiza en su fabuloso folleto *Vivir en la visión de Dios*, lo mismo que cualquier gran movimiento de Dios, comenzaron con una visión. Esa visión no se refiere a lo que la persona, iglesia o movimiento van a hacer. Ni siquiera es una visión sobre el futuro.

La visión que realmente importa es la visión de lo bueno que es Dios y de cuánto he sido bendecido por ser su hijo. Esa visión de una realidad ya existente, ve la bondad y la competencia de Dios. A partir de la bondad de esa visión, crece el deseo de hacer algo en favor de Dios, algo que contribuya a que su Reino se vuelva real. Debido a que la obra de Dios es completamente exhaustiva, la necesidad de esta visión resulta tan importante para los negocios o para las escuelas como para las iglesias locales. Toda obra humana debe estar arraigada en lo que Dios está haciendo.

Con el tiempo, cuando un movimiento, organización o iglesia crecen, la gente comienza a enfocarse en ese crecimiento más que en la realidad de Dios. Es entonces

> Con el tiempo, cuando un movimiento, organización o iglesia crecen, la gente comienza a enfocarse en ese crecimiento, más que en la realidad de Dios. Es entonces cuando la misión fantasma reemplaza a la visión del reino de Dios.

cuando la misión fantasma reemplaza a la visión del reino de Dios. Una vez que sucede eso, es cuestión de tiempo que todo comience a desbaratarse. Empiezan a surgir preguntas: ¿Cómo hacemos para que esto sea más grande? ¿Cómo hacemos para que sea mejor? ¿De qué manera lo mantenemos por lo menos apuntalado? Nos preocupamos por los números, objetivos y programas. La gente vive con estrés, exhausta, fatigada y compitiendo. Antes de que nos demos cuenta, no solo hemos perdido la visión esencial de Dios, sino que hemos perdido nuestra verdadera misión y nos hemos deslizado hacia nuestra misión fantasma.

La única manera segura de guiar a un equipo es estar arraigado a la visión de Dios. No es una visión de lo que podría ocurrir algún día. Es una visión de lo que ya es. Es una visión de Dios y de la bondad de Dios. Si puedo vivir en esa visión, entonces buscaré hacer cosas buenas con Dios, y no estaré tratando de alcanzar resultados, vivo o muerto.

La primera vez que llegué a la iglesia en la que sirvo, me di cuenta de la clase de error que constituye comenzar con una declaración de este tipo: «Está bien, hacia aquí es donde estamos yendo. Aquí es donde los voy a llevar». En lugar de eso, tuvimos que aprender juntos a empezar con la realidad de Dios, con el buen Dios al que adoramos, con la vida en libertad y con el gozo por la presencia de Dios.

También me di cuenta de que no podía liderar a gente que no conocía y que tampoco me conocía a mí. Mi tentación fue pensar que el liderazgo significaba lanzar una fascinante visión y hacer que la gente preguntara cuán alto debía saltar. Pero las cosas no suceden así. Porque en las trincheras y en las bancas de la iglesia, la gente se pregunta: *¿Quién es esta persona y por qué quiere que hagamos esto?* La necesidad de establecer una relación y de que nos tengan confianza es básica.   RELACIONAMIENTO !!!

Pero una vez que un grupo está enfocado en la bondad de Dios y en vivir relaciones importantes unos con otros, puede hacer cosas maravillosas. La vida de las personas cambia. El hambre se satisface. Los pobres reciben cuidado. Los negocios y los trabajadores prosperan. Y un pequeño pedazo del reino de Dios se planta y crece aquí en la tierra.

Los beneficios de permanecer en la misión

Hemos visto las consecuencias negativas de sucumbir ante la misión fantasma. Genera insatisfacción, inquietud, aburrimiento. En una peor instancia se producen escándalos o incluso muerte. Pero, ¿qué sucede en la vida cuando batallamos exitosamente contra nuestras misiones fantasmas? ¿Qué podrían alcanzar nuestros equipos si fuéramos capaces de permanecer en la misión? ¿Se volvería la vida repentinamente prometedora?

La sorprendente respuesta es: «No necesariamente». Es probable que tu vida se vuelva más difícil. Porque tal vez descubras que hay mucho trabajo por realizar. Quizás debas tratar con una persona determinada. Probablemente tengas

Una vez que un grupo está enfocado en la bondad de Dios y en vivir relaciones importantes unos con otros, puede hacer cosas maravillosas.

que reunir dinero. Quizás debas realizar un cambio que la gente critique. Vivir en la misión no significa que tu vida vaya a resultar más divertida o más fácil.

Pero significa que tu actitud cambiará. En lugar de enfocarte secretamente en ti y en las necesidades de tu propio ego, serás libre para ocuparte de tu organización. Serás libre de esperar el florecimiento de tu grupo, incluso cuando esté separado de ti. He notado que cuando todo gira alrededor de mí, de mi necesidad de obtener logros, de mi necesidad de tener éxito, incluso de mi necesidad de sobrevivir, el equipo tambalea. Pero cuando soy capaz de abandonar la imperiosa necesidad de un buen resultado, puedo vivir en libertad.

He notado que cuando todo gira alrededor de mí, de mi necesidad de obtener logros, de mi necesidad de tener éxito, incluso de mi necesidad de sobrevivir, el equipo tambalea.

Les voy a contar una historia que ilustra este principio de vivir en libertad. Hace un par de años invitamos a Dallas Willard a dar una charla en nuestra iglesia. Luego de que terminó su intervención, lo acompañé hasta su auto. Él debía ir a otra reunión. Mientras caminábamos, él arrastraba los pies, tarareando un himno, un soso himno… ni siquiera tarareándolo bien.

Lo que me impresionó fue que, por lo general, cuando la gente termina de dar una charla, sus siguientes pensamientos son: *¿Cómo salió todo? ¿Cómo me fue? ¿Lo hice bien? ¿Le pareció bien a la gente?* Y si creen que les fue bien, se sienten bien. O si creen que les fue mal, empiezan a sentirse mal. Como conferencista, lucho contra eso y puedo verlo en la mayoría de las personas que hablan en público. Pero con Dallas fue como ver a un niño soltar un globo de helio. El globo va subiendo, sube... se va... hasta que desaparece.

Yo había escuchado a Dallas hablar antes sobre la necesidad de que los resultados no nos importaran. Como líderes, tenemos que ser conscientes de los resultados, debemos tomarlos seriamente y aprender de ellos. Pero no deberíamos dejar que nos impongan su peso. Los resultados están en manos de Dios. No se supone que debamos cargarlos. No tenemos que dejar que los resultados nos aplasten. Escuchar a Dallas hablar sobre liberarse de los resultados es una cosa. Verlo dar una charla y luego simplemente dejarla ir... fue memorable.

Me encantaría tener esa clase de libertad, pero necesito enfrentar una pérdida para obtenerla, porque debo liberarme del narcótico que significa vivir por el aplauso cuando algo sale bien. Y tendría que humillarme para darme cuenta de que soy parte de algo mucho más grande que yo.

NARCÓTICO

La gran misión de Dios

Estas son las buenas nuevas: Nuestras pequeñas misiones son parte de una misión *mucho más grande*. Son parte de la gran misión de Dios y han sido selladas por algo mucho más poderoso que nuestros dones o incluso nuestro carácter.

Solo fíjate en lo que aparece entre bambalinas en el libro de Ester. Como tú sabes, Ester es el único libro del Antiguo Testamento que no menciona a Dios, pero en realidad él es el principal personaje de la historia.

Hay una ley que aparece inalterable en esta historia. Hay una voluntad que no cambiará, pero no es la ley de Media o de Persia. ¿Cómo puede ser que, de entre todas las mujeres del imperio, una joven judía llamada Ester llegara a ser reina? ¿Cómo fue que, de entre toda la gente del el imperio, precisamente Mardoqueo salvara al rey de un complot asesino? ¿Cómo fue que el rey tuvo insomnio la misma noche en que Amán mandó edificar la horca para Mardoqueo? ¿Cómo se explica que, de entre todas las historias, aquella que le leyeron al rey trataba de cómo Mardoqueo había salvado

> Estas son las buenas nuevas: Nuestras pequeñas misiones son parte de una misión *mucho más grande.*

su vida? ¿Cómo fue que Amán, el que maquinó asesinato, terminó convirtiéndose en víctima de su propia conspiración y Mardoqueo, su prevista víctima, lo reemplazó en sus funciones? ¿Cómo fue que el anillo del rey, que le había sido otorgado a Amán, acabó en el dedo de Mardoqueo? ¿Cómo se entiende que la horca que se construyó para Mardoqueo terminó siendo para Amán? ¿Cómo fue que las personas que marcaron a los judíos para su destrucción, resultaran ellas destruidas?

El escritor quiere que sepamos que incluso en el exilio en el que se encontraba el pueblo de Dios, lejos de Jerusalén, sin templo, sin sanedrín, Dios estaba presente. Oculto, no identificado, obrando tras bambalinas; y su propósito era seguro.

Puedes dar por terminada tu misión fantasma y liderar con una alegre libertad, porque Dios se encuentra siempre obrando a tu alrededor; oculto, desconocido, no identificado, actuando de maneras poco probables. Él está en un pesebre, en un desierto, en una cruz. Él está obrando tras bambalinas en guerras y hambrunas, inundaciones y desastres. Él está presente tanto en las dictaduras como en las democracias. Ha puesto su mano sobre las iglesias, los negocios, las organizaciones y los individuos en todos lados. Dios quiere usarte *por lo que* tú haces (tu misión), pero como la historia de Sansón nos enseña, él también te usará *a pesar de* lo que hagas. Él incluso es capaz de convertir tu misión fantasma en algo que pueda utilizar para su gloria y para que su Reino se establezca en la tierra.

¿Acaso eso significa que podemos consentir impunemente con nuestra misión fantasma? ¡Por supuesto que no! Tal como Pablo escribió: «¿Qué concluiremos? ¿Qué vamos a persistir en el pecado, para que la gracia abunde?

> Puedes dar por terminada tu misión fantasma y liderar con una alegre libertad, porque Dios se encuentra siempre obrando a tu alrededor; oculto, desconocido, no identificado, actuando de maneras poco probables.

¡De ninguna manera! Nosotros, que hemos muerto al pecado, ¿cómo podemos seguir viviendo en él?» (Romanos 6:1-2). Por el contrario, Pablo nos enseña: «Ofrézcanse más bien a Dios … como instrumentos de justicia» (Romanos 6:13). En algún momento, pudimos haber sido esclavos de nuestra misión fantasma, nuestro vergonzoso deseo de fama, fortuna, poder, placer, o seguridad. Pero ahora podemos convertirnos en siervos de Dios, aumentando nuestro deseo por su estilo de vida y revigorizando su misión para el mundo.

No una misión fantasma. Tú y yo podemos tener una paz sencilla, cotidiana, humilde, amplia, gozosa, para llevar a cabo la obra de aquel que es luz, y en el que no existe oscuridad.

¿Quién sabe si no has llegado a tu posición para un momento como este?

Agradecimientos

Unos cuantos agradecimientos resultan oportunos para este proyecto que yo nunca hubiera imaginado. Estoy muy agradecido a Christine Anderson por revisar el manuscrito y por poner en marcha la publicación con su reconocido profesionalismo y aptitud. Lori Vanden Bosch hizo mucho del trabajo al sintetizar el borrador inicial, y Jane Haradine pulió el texto.

También estoy agradecido a Jimmy Mellado por la invitación a dar la charla que condujo a este pequeño libro; además por sus sugerencias y por motivar el contenido. Y sobre todo, por una amistad de muchos años que me ha dado felicidad. Para mí es un regalo ser parte de la Asociación Willow Creek.

NOTAS

....

....

....

....

....

....

....

....

....

....

....

....

....

....

....

....

....

....

NOTAS

....
....
....
....
....
....
....
....
....
....
....
....
....
....
....
....
....
....

NOTAS

....

....

....

....

....

....

....

....

....

....

....

....

....

....

....

....

....

....

NOTAS

....

....

....

....

....

....

....

....

....

....

....

....

....

....

....

....

....

NOTAS

....

....

....

....

....

....

....

....

....

....

....

....

....

....

....

....

....

Nos agradaría recibir noticias suyas.
Por favor, envíe sus comentarios sobre este libro
a la dirección que aparece a continuación.
Muchas gracias.

Vida@zondervan.com
www.editorialvida.com